Andrea Pfaff
Monika Pfaff-Kern

Origami dekorativ

AUGUSTUS

Inhalt

Material und Hilfsmittel

Alle in diesem Buch gezeigten Modelle sind leicht nachzuarbeiten und deshalb auch zum kreativen Gestalten für und mit Kindern gut geeignet.

In den Materialkästchen der einzelnen Modelle finden Sie auf einen Blick alle benötigten Materialien. Mit kleinen Accessoires, Effektpapieren und weiterem Zubehör werden die Modelle aufgepeppt.

Klassische Origamipapiere sind für Kinder besonders zu empfehlen:

Origamipapiere

Origamipapier, uni
Origamipapier, zweifarbig
Origamipapier, gemustert
Origami-Alufolie

Aber auch andere Papiere sind geeignet, sofern sie faltfest sind und sich nicht dehnen. Allerdings müssen sie noch zurechtgeschnitten werden.

Andere Faltpapiere

Schreibpapier
Geschenkpapier
Strohseide

Mit so genannten Effektpapieren lassen sich tolle Wirkungen erzielen:

Effektpapiere

Knautschpapier
Papyrus
Mulberry Paper
Wabenpapier

Mit wenig weiterem Bastelmaterial werden aus den Faltteilen eigenständige Objekte:

Zusatzmaterialien

Wackelaugen
Hybridroller (deckende Geltinte) oder ersatzweise Filzstift
Wischmetall
Papierumwickelter Blumendraht
Rundhölzer
Wattekugeln
Holografiefolie

Außer den üblichen Bastelutensilien, wie Schere und Klebstoff, sind folgende Dinge sehr hilfreich:

Hilfsmittel

Falzbein
Kleines Schneidegerät
Zierbastelschere
Motivlocher
Klebepads für das Kleben von Geldscheinen

Origamipapiere

Sie sind quadratisch (von 10 x 10 cm bis 20 x 20 cm) und rund (12 bis 18 cm ø) erhältlich. Es gibt sie außerdem beidseitig gleichfarben oder einseitig gefärbt mit weißer Rückseite, beidseitig unterschiedlich eingefärbt, gemustert und mit Regenbogenverlauf. Japanische Origamipapiere sind zum Teil auch mit Prägung erhältlich.

Alle Origamipapiere eignen sich sehr gut zum Falten, vor allem für Kinder, da sie nicht noch extra zugeschnitten werden müssen.

Geschenk- und Schreibpapiere

Sie sind fast durchweg ebenfalls für Faltarbeiten geeignet. Der Vorteil: Man kann dabei aus einer unendlichen Fülle schöpfen.
Vielleicht ist es aber auch die Möglichkeit für die Zeitung von gestern, noch einmal zum Zuge zu kommen?

Sonstige Bastelpapiere

Dies kann Strohseide (mit und ohne Goldfäden), Seidenpapier, marmoriertes Papier oder dünnes Tonpapier sein. Spielen Sie mit Mustern und Papiersorten, und Sie werden verblüfft sein, wie unterschiedlich die Wirkungen ausfallen!

Alle Nicht-Origamipapiere müssen zugeschnitten werden. Beim Zuschneiden auf exakte rechte Winkel achten, da das Faltergebnis sonst nicht befriedigen kann.

Falterklärung

– – – – – ***Bergfalte***

—·—·—·— ***Talfalte***

················ ***kommender Faltschritt***

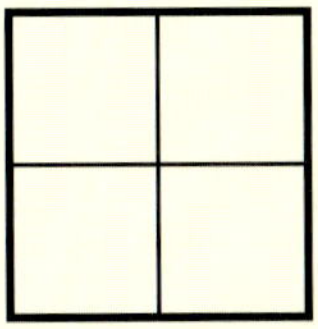

Mittelkreuz

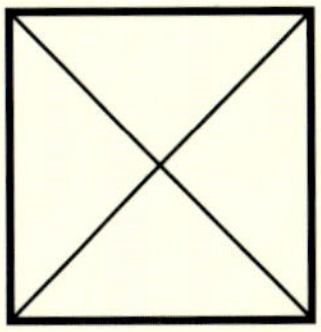

Diagonalkreuz

• Tipps •

● Scharfe Knicke erhalten Sie, indem Sie den Falz mit einem Falzbein nachziehen. Für ein gutes Faltergebnis müssen alle Faltungen immer sorgfältig fest gestrichen werden.

● Aus einem rechteckigen Papierstück kann man leicht ohne Lineal ein Quadrat schneiden: Die kurze Seite exakt an die lange Seite anlegen, den Bruch über die Diagonale fest streichen und den seitlich überstehenden Streifen abschneiden.

Schiff

Dieses originelle Geldgeschenk erfreut alle, die demnächst auf große Fahrt gehen wollen.

Größe: DIN A6

Das wird gebraucht

- Passepartoutkarte mit rechteckigem Ausschnitt, DIN A6
- Regenbogenpapier
- Packpapier in Blau
- Motivlocher „Wolke“
- Hybridroller oder Filzstift in Schwarz
- Evtl. Motive von Geschenkpapier

So wird's gemacht

① Den Geldschein zur Hälfte falten, um ein Quadrat zu erhalten.

② Das Quadrat zu einem Dreieck falten. Dann die untere Kante so nach oben legen, dass die gepunktete Linie die neue Falzkante ergibt. Anschließend das Teil wieder zum Dreieck öffnen. Umdrehen und Gegenfaltung durchführen. Dann das Teil zum Quadrat öffnen.

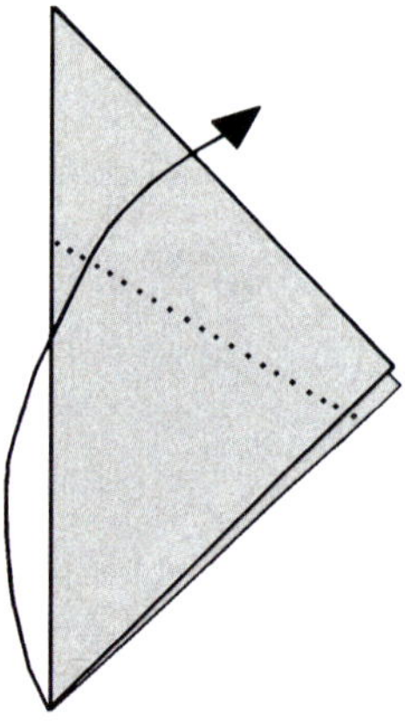

③ Den Geldschein an Punkt A mit dem linken Zeigefinger auf die Unterlage drücken. Gleichzeitig mit der rechten Hand das Segel an Spitze B als Bergfalte nach oben ziehen...

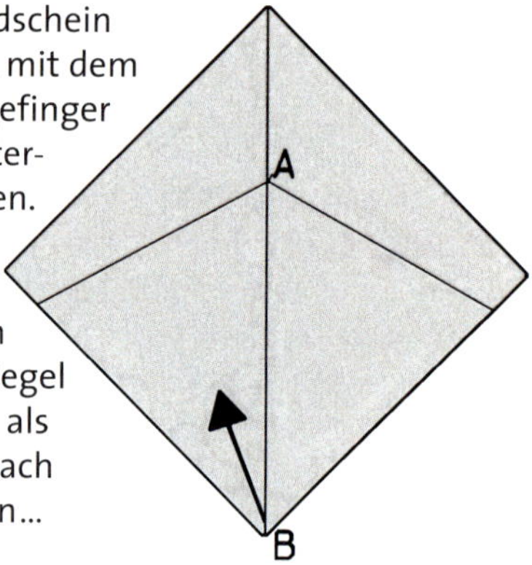

④ ...und das Schiff zusammenlegen.

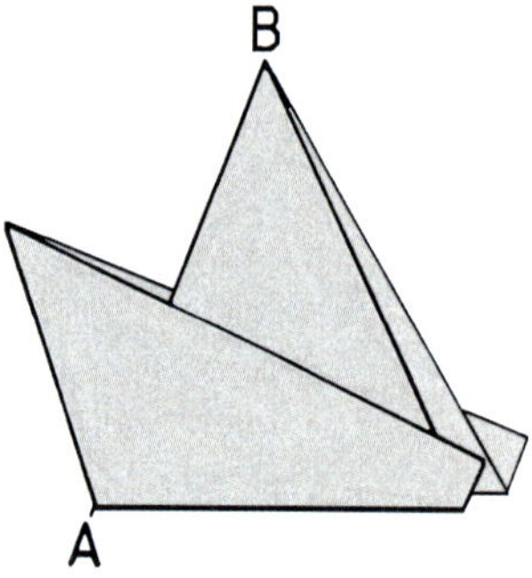

Fertigstellen

Das Regenbogenpapier etwas größer als den Ausschnitt in der Karte zuschneiden. 2 bis 3 Streifen vom Packpapier reißen, als Wellen jeweils nur mit der Unterkante auf dem unteren Drittel des Regenbogenpapiers aufkleben.
Seemotiv von Geschenkpapier ausschneiden, aufkleben und das Regenbogenpapier hinter dem Kartenausschnitt befestigen.
Das Geldboot zwischen den Wellen fixieren und die Karte mit aufgemalten Möven und gestanzten Wölkchen ausschmücken.

Zehn
Deutsche

Bilderrahmen

Aus buntem Papier gefaltet, sind sie vielseitig einsetzbar. Genau der richtige Rahmen – sowohl für Ihre Lieblingsfotos als auch für große und kleine Geldscheine.

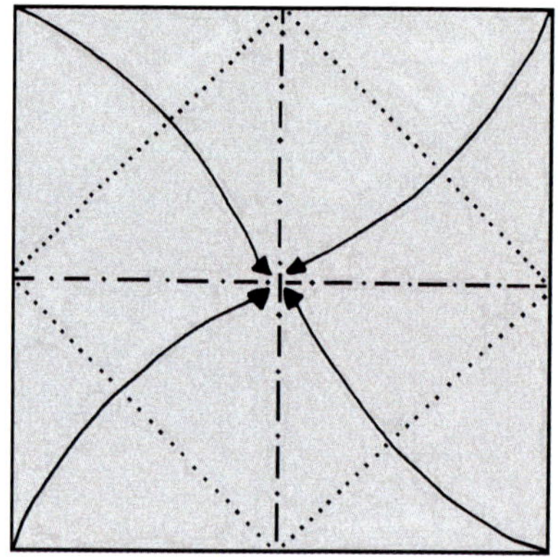

② Alle vier Ecken nach innen zum Mittelpunkt falten und das Blatt wenden.

Wandrahmen

Größe: 35 x 25 cm

Das wird gebraucht

- Origamipapier, gepunktet und gestreift, je 15 x 15 cm
- Geschenkpapier in Gelb und Grün, je 13 x 13 cm
- Papierreste in Rot und Gelb
- Naturholzrahmen, 35 x 25 cm
- Depafit-Schaumstoffplatte als Rückwand, 35 x 25 cm
- Bastelmesser
- Mulberry Paper in Schwarz
- Kleine Nägel
- Motivlocher „Katze“, groß und mini und „Ahornblatt“, groß und klein

③ Wieder alle vier Ecken zum Mittelpunkt falten.

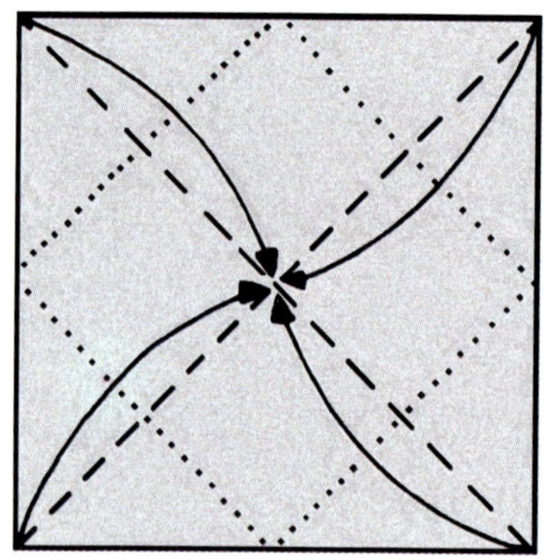

So wird's gemacht

① Beim Origami- oder Geschenkpapier ein Mittelkreuz falten und anschließend wieder öffnen.

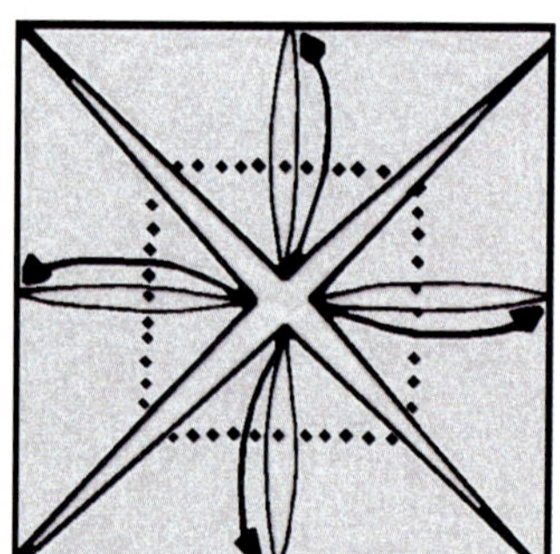

④ Die vier innen zusammentreffenden Ecken jeweils von der Mitte zur Außenkante falten. Die Knicke fest streichen.

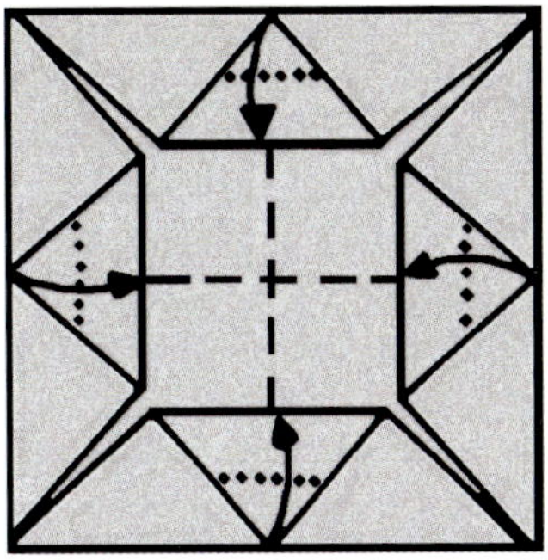

⑤ Die nun außen liegende
Ecken jeweils an die innere
Kanten anlegen.

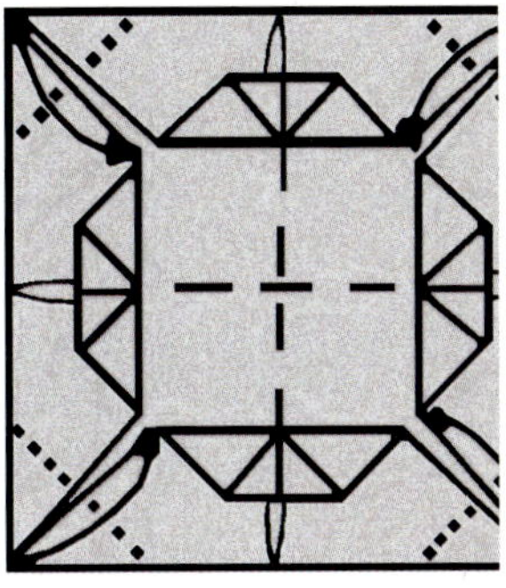

⑥ Die Außenecken jeweils an die Innenecken falten, die Knicke gut fest streichen

Fertigstellen

Die Depafit-Schaumstoffplatte mit dem Bastelmess auf die Größe des Holzrahmens zuschneiden und au einer Seite mit Mulberry Paper bekleben. In den Rahmen einpassen und mit kleinen Nägeln sichern.

Die Fotos auf passende Größe der gefalteten Rahmen zuschneiden. Die Rahmenfaltungen vorsichtig hochheben, das Foto einlegen, die Faltungen darüber klappen und wieder fest darüber streichen.
Die mit Bildern versehenen Rahmen auf dem Mulberry Paper anordnen, festkleben. Nach Belieben zusätzlich mit gestanzten Motiven ausschmücken.

Gutschein

Geschenkrahmen

Die Faltanleitung für die Rahmen finden Sie auf den Seiten 8 und 9.

Größen:
Gutschein: 10,5 x 21 cm
Geldkarte: 11 x 11 cm

Das wird gebraucht

Origami- oder Geschenkpapier in Rot, 20 x 20 cm, und Grün, 17 x 17 cm
Fotokarton, ca. DIN A4
Reste von Papyrus und Elefantenhaut
Mulberry Paper in Schwarz
Weiches, fusselfreies Tuch
Wischmetall in Gold
Hybridroller in Schwarz und Gold

• Tipp •

Die hübschen Geschenkrahmen eignen sich auch sehr gut für Hochzeitskarten, Geburtsanzeigen, Taufe oder Geburtstagseinladungen. Einfach das entsprechende Bild in den Rahmen kleben und auf der Vorderseite einer Klappkarte fixieren.

Fertigstellen

Gutschein

Ein 21 x 21 cm großes Fotokartonquadrat arbeiten und zur Klappkarte falten. Die Kartonaußenseiten jeweils mit Mulberry Paper bekleben.
Etwas Wischmetall mit einem weichen, fusselfreien Tuch aufnehmen und leicht über das Mulberry Paper wischen.
Nun ein in den kleineren Faltrahmen passendes Klappkärtchen aus Papyrus schneiden, innen beschriften, in den Faltrahmen einlegen.
Den Streifen für den „Gutschein“ aus Elefantenhaut schneiden, beschriften und zurechtgebogen auf das Papyruskärtchen kleben.
Den Faltrahmen diagonal in der oberen Kartenmitte befestigen.

Geldkarte

Fotokarton auf 22 x 11 cm zuschneiden und zur Klappkarte falten.
Die äußeren Kartonseiten jeweils mit Mulberry Paper bekleben und das Wischmetall auftragen, wie beim Gutschein beschrieben.
Den aus einem 20 x 20 cm großen Papierquadrat gefalteten Rahmen mittig auf die Karte kleben. Die Faltungen etwas hochheben, einen zur Hälfte gefalteten Geldschein mit dem Gesicht nach oben einlegen und die Faltungen wieder darüber klappen.

Blume

Blumen sagen mehr als tausend Worte – besonders wenn sie in leuchtenden Farben gefaltet sind.

Größe: ca. 14 cm ⌀

Das wird gebraucht

Rundes Origamipapier in Grün, 12 cm ⌀
Origamipapier in Grün, 20 x 20 cm
Wattekugel, 3 cm ⌀
Bastelmesser
Bastelfarbe in Grün
Wabenpapierrest
Seidenpapier, 7 x 14 cm
Rundholzstab, 3 mm ⌀

So wird's gemacht

Blütenblatt

① Das Seidenpapier zum Quadrat falten und wieder öffnen.

② Die rechte und die linke obere Ecke senkrecht an den Mittelbruch anlegen, die Knicke anschließend gut fest streichen.

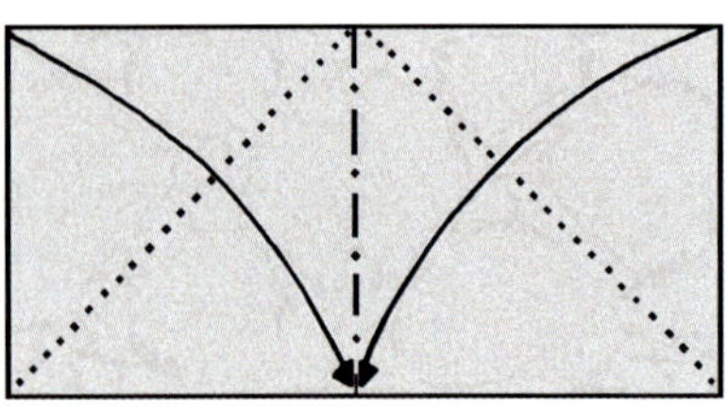

③ Nun die rechte und die linke untere Ecke nach oben falten. Danach liegt die Unterkante beidseitig am Mittelbruch an.

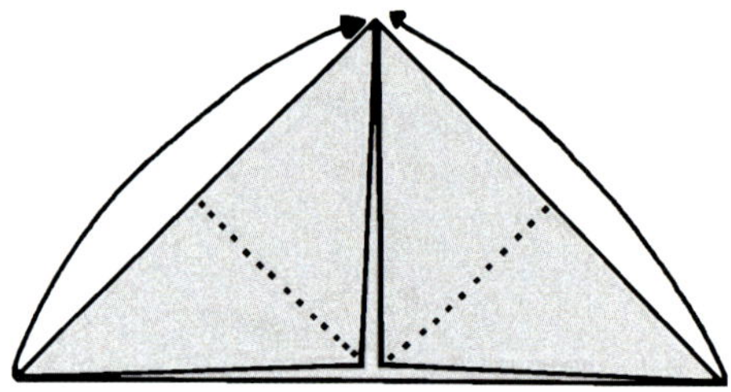

④ Beide Teile vom Mittelbruch weg jeweils an die unteren Außenkanten falten.

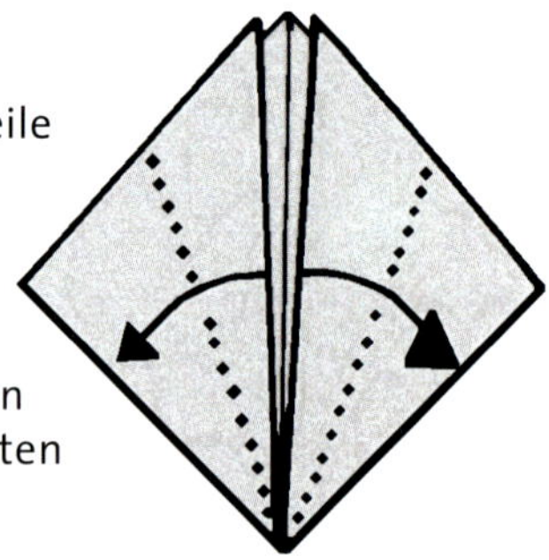

⑤ Das Teil nach hinten zur Hälfte aufeinander klappen.

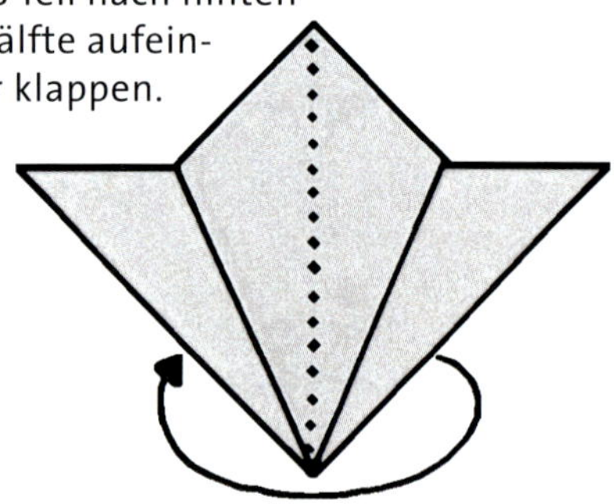

• Tipp •

Holzstäbe lassen sich sehr schnell und einfach mit einem Schwammstückchen bemalen.

Blatt

① Das Quadrat zum Dreieck falten und wieder öffnen.

② Die Seitenflügel beidseitig an den Mittelbruch anlegen…

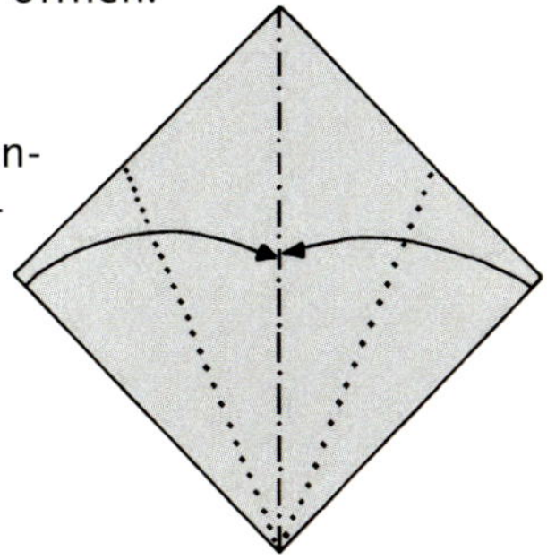

③ …und beide Seitenflügel noch einmal zur Mitte falten.

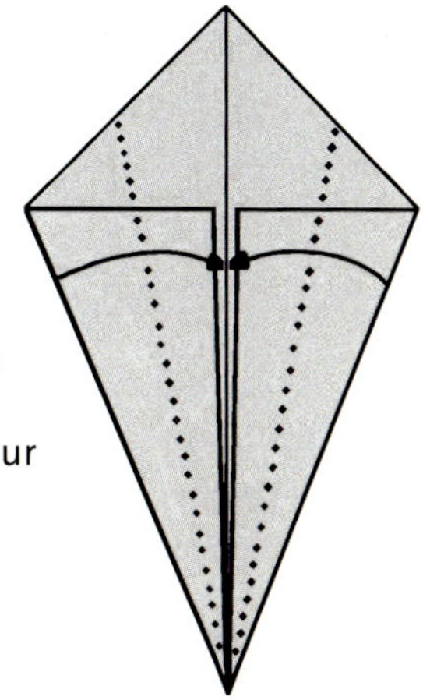

Fertigstellen

Pro Blume acht Blütenblätter falten.
Für die Blütenunterseite das runde Origamipapier dreimal zur Hälfte falten, um ein Achtelkreissegment zu erhalten. Die Außenseite spitz zuschneiden, das Teil auseinander falten.
Die Wattekugel mit dem Bastelmesser halbieren, eine Hälfte mit grüner Bastelfarbe bemalen. Den Rundholzstab ebenfalls grün bemalen.
Eine Wattekugelhälfte mit der Rundung nach unten auf den Holzstab stecken und fest kleben.
Die Blütenunterseite mittig auf die Schnittkante der Wattekugel kleben. Die acht Blütenblätter je an einer schmalen Außenseite darauf fixieren.
Für die Blütenmitte einen 1,5 cm breiten, 3 cm hohen Halbkreis aus Wabenpapier arbeiten. Erst eine Hälfte in der Blütenmitte fixieren, dann das Wabenpapier auffächern und die zweite Fläche befestigen.
Ein oder zwei Blätter falten, versetzt um den Stängel kleben.

Schnecke

Diese Schnecken lieben alle, auch Garten- und Pflanzenfreunde.

Größen:
Blumenstecker: 9 x 5 cm
Karte: 15 x 20 cm

Das wird gebraucht

Geschenkpapier, gemustert, oder Marmorierpapier
Wackelaugen, 3 mm Ø
Blumensteckdraht
Lederkarton in Beige
Mulberry Paper in Braun
Hybridroller in Gold, Schwarz und Weiß
Lochzange, Bastelmesser
Motivlocher „Blume“
Farblich passende Papierreste

So wird's gemacht

Papiere je nach Schneckengröße auf 10 x 15 cm, 6 x 9 cm, 5 x 7,5 cm oder 4 x 6 cm zuschneiden.

1 Ein Mittelkreuz falten und wieder öffnen.

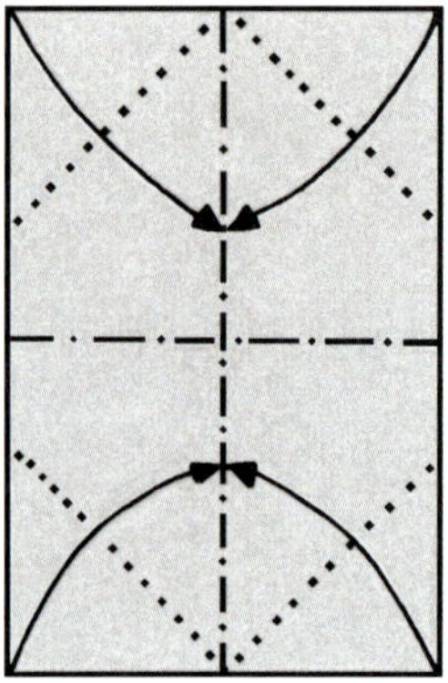

2 Alle vier Ecken an die Längsmitte anlegen.

3 Die obere Spitze auf die untere klappen.

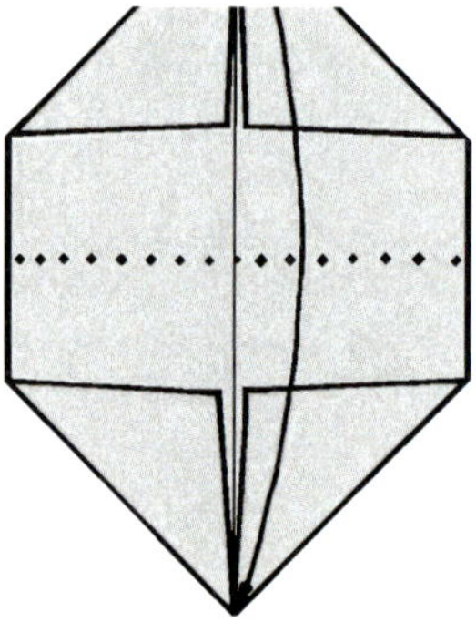

4 Die rechte und die linke obere Ecke jeweils zur Mitte falten.

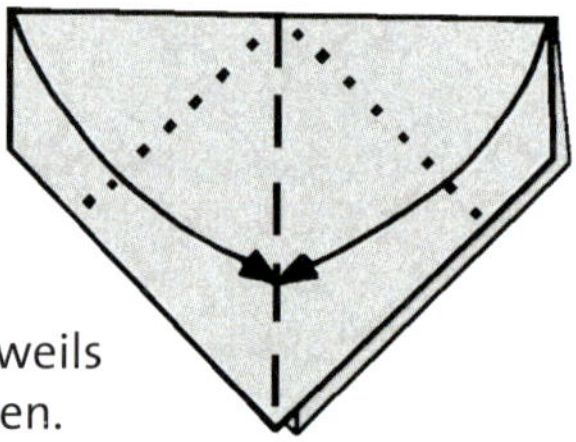

Die oberen Außenkanten liegen nun am Mittelbruch an.

⑤ Die untere oben liegende Spitze nach oben klappen.

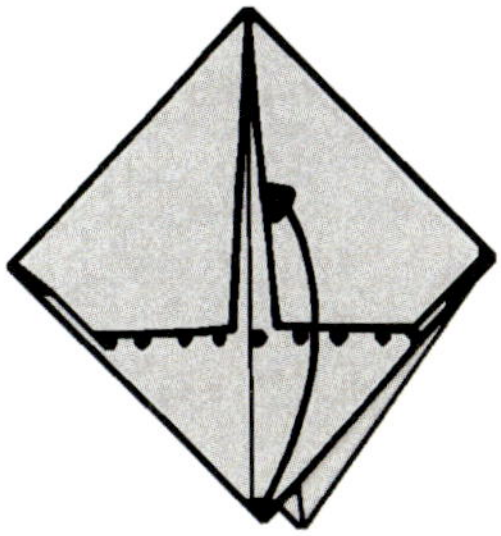

⑥ In die Figur fassen und diese vorsichtig auseinander ziehen. Zum Schluss den Kopf der Schnecke noch etwas nach vorne ziehen. Diese Falzkante besonders sorgfältig fest streichen.

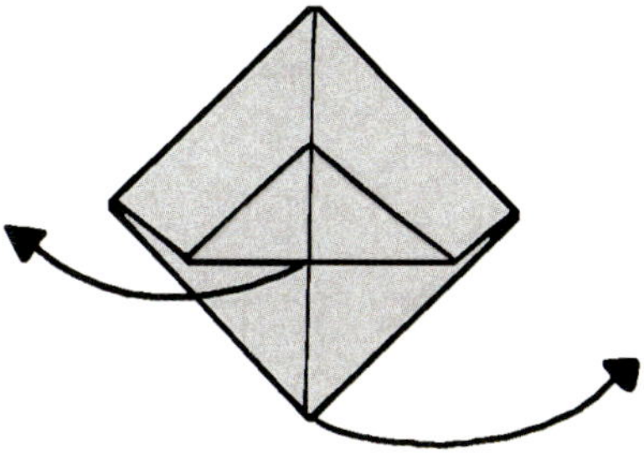

Fertigstellen

Blumenstecker

Aus einem 10 x 15 cm großen Papierstück eine Schnecke falten. Ein Stück Blumendraht im Körper der Schnecke befestigen und beidseitig Wackelaugen auf den Kopf kleben.

Karte

Den Lederkarton auf 20 x 30 cm zuschneiden und zur Klappkarte falten.
Aus der Kartenvorderseite mit dem Bastelmesser ein Passepartout herausschneiden; der Rand soll oben und unten jeweils 3 cm, seitlich jeweils 2,5 cm breit sein.
Mit der Lochzange aus dem Innenrand zusammenhängende Löcher als Nagespuren ausstanzen.
Mit etwa 7 mm Abstand zu den Außenkanten eine goldene Linie ziehen.
Den Passepartoutausschnitt mit braunem Mulberry Paper hinterkleben und innen ein passendes Deckblatt aus Lederkarton dagegenkleben.

Die Augen mit schwarzem und weißem Hybridroller aufmalen, die Schnecken auf der Karte anordnen und festkleben. Mit gestanzten Blumen ausschmücken.

Hund

Bello beißt ganz bestimmt nicht – im Gegenteil, er lädt zum Spielen und Feiern ein.

Hundekopf

Größe: 7 x 11,5 cm

Das wird gebraucht

Origamipapier, 20 x 20 cm

Wackelaugen, 14 mm Ø

Papierrest in Schwarz

Hybridroller oder Filzstift in Schwarz

So wird's gemacht

① Ein Diagonalkreuz falten und wieder öffnen.

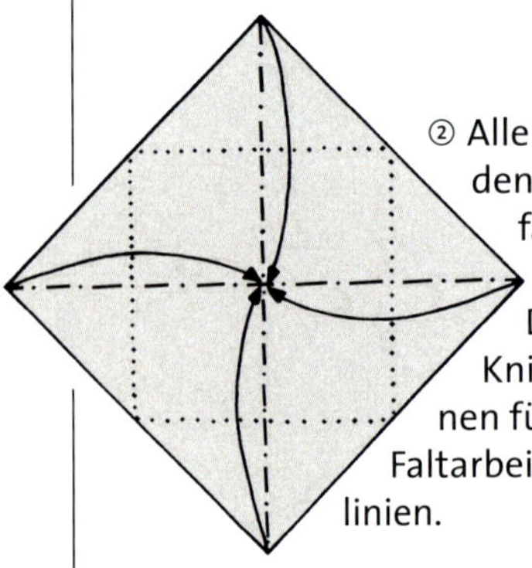

② Alle vier Ecken an den Mittelpunkt falten und wieder öffnen. Diese vier Knicklinien dienen für die weitere Faltarbeit als Hilfslinien.

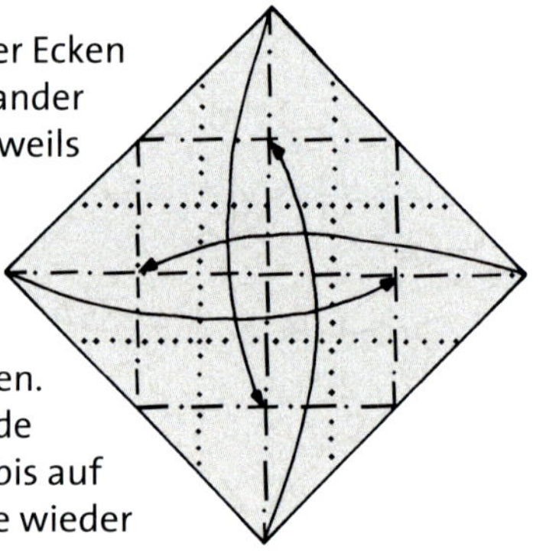

③ Die vier Ecken nacheinander an die jeweils gegenüberliegende Hilfslinie falten. Dabei jede Faltung bis auf die letzte wieder öffnen.

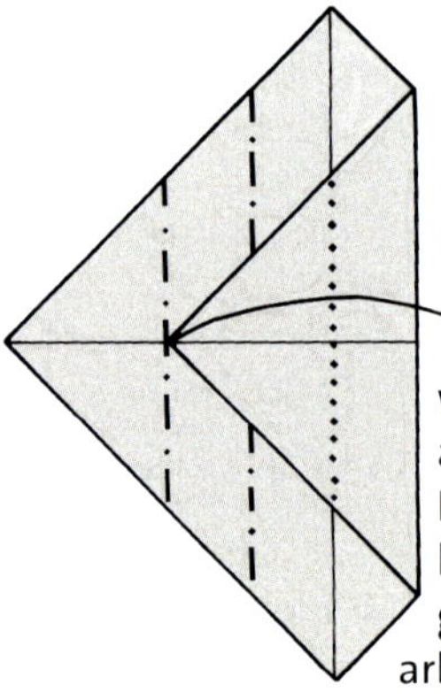

④ Die nach innen stehende Ecke an der gepunkteten Linie wieder nach außen falten. Die gegenüberliegende Seite gegengleich arbeiten.

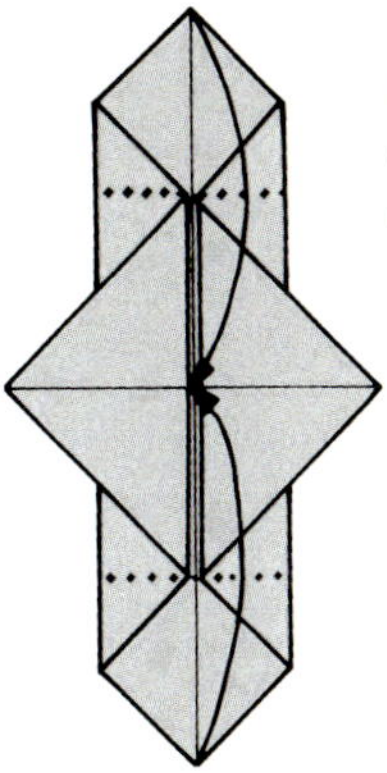

⑤ Die obere und die untere Spitze jeweils an den Mittelpunkt anlegen.

⑧ Die unten überstehende Spitze als Nase nach oben klappen. Die Ohrenspitzen beidseitig nach unten falten.

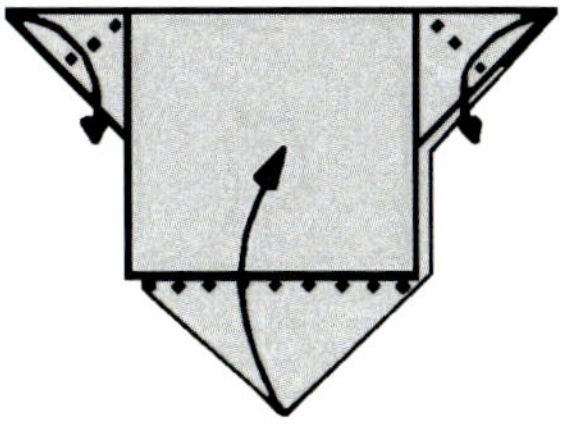

⑥ Die untere Spitze vom Mittelpunkt so weit nach unten falten, dass die ganze Spitze nach unten übersteht.

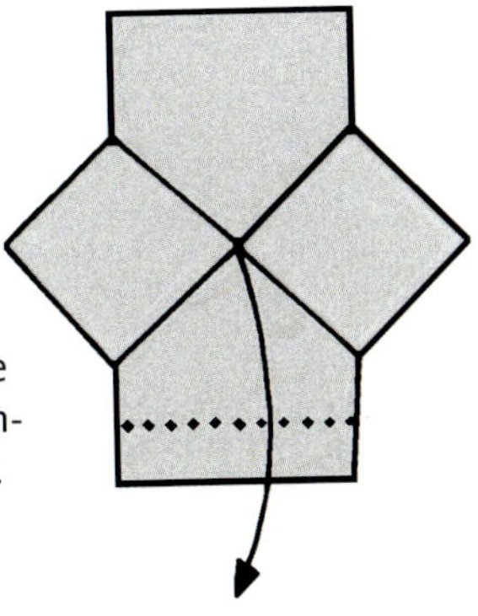

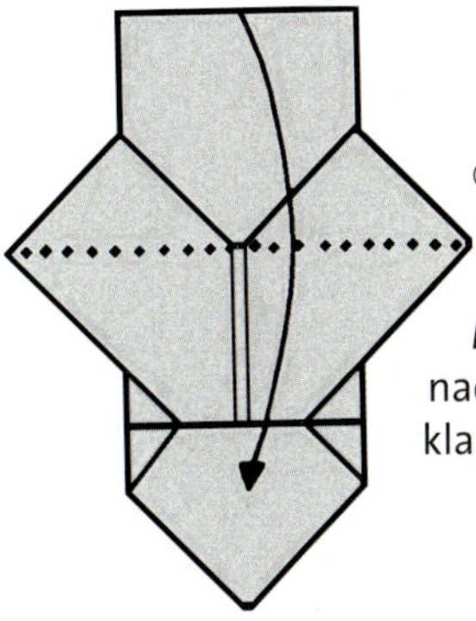

⑦ Die obere Figurenhälfte am Mittelbruch nach unten klappen.

Variationen

Der Hundekopf von Seite 16/17 ist die Grundlage für viele tolle Bastelideen zum nächsten Kindergeburtstag.

Größen:
Einladungskarte: 7 x 11,5 cm
Handpuppe: 27 x 15 cm
Tischkärtchen: 17 x 15 cm
Geschenkanhänger: 3,5 x 3,5 cm
Trinkhalmstecker: ca. 4 x 4 cm

Das wird gebraucht

- Origamipapier, 18 x 18 cm, 12 x 12 cm, 10 x 10 cm, 20 x 20 cm
- Wackelaugen, 7, 10, 14 mm ∅
- Papierrest in Schwarz
- Hybridroller oder Filzstift in Schwarz
- Lochzange
- Aufhängeband (z.B. Schnur oder dünne Kordel)
- Plastiktrinkhalm
- UHU por Hartschaumkleber

Fertigstellen

Einladungskarte

Sie besteht aus einem Hundekopf, der aus einem 20 x 20 cm großen Papierquadrat gefaltet ist. Als Nasenspitze ein kleines schwarzes Dreieck aufkleben. Die Barthaare mit einem schwarzen Stift aufmalen. Die Wackelaugen mit 14 mm Durchmesser befestigen und den Einladungstext in den Hundekopf schreiben.

Handpuppe/Tischkärtchen

Zuerst jeweils aus einem 18 x 18 cm großen Quadrat einen Hundekopf falten und diesen wie bei der Einladungskarte beschrieben ausgestalten. Für den Körper aus einem 20 x 20 cm großen Origamipapierstück eine Spitztüte falten und zusammenkleben. Die Klebenaht verläuft auf der Rückseite. Für eine Handpup-

pe aus der Spitztüte zwei Löcher für Zeige- und Mittelfinger herausschneiden. Beim Tischkärtchen die untere Spitze als Standfläche nach hinten klappen und den Namen des Gastes auf die Vorderseite schreiben. Den Hundekopf auf die Vorderseite des Körpers kleben.

Geschenkanhänger

Aus einem 10 x 10 cm großen Quadrat den Hundekopf falten. Ausgestalten und in die obere Mitte ein Loch stanzen. Durch das Loch ein Aufhängeband fädeln.

Trinkhalmstecker

Der Hundekopf wird aus einem 12 x 12 cm großen Papierquadrat gefaltet. Für die Befestigung von einem Trinkhalm ein etwa 1,5 cm langes Stück abschneiden und dieses mit Hartschaumkleber im Kontaktklebeverfahren nach der Packungsanleitung auf die Rückseite des Kopfes kleben. Das Trinkhalmstück mit der Schere aufschlitzen und um einen langen Trinkhalm stülpen. Damit es nicht verrutscht, mit Kleber fixieren.

Wolkenkratzer

Verschenken Sie ein Hochhaus, auch wenn Sie nicht Rockefeller oder Trump heißen. Auf jeder Etage wartet eine kleine Überraschung.

Größen:
Hochhaus: ca. 23 cm
Turm: ca. 18 cm

Das wird gebraucht

Tonpapier in Schwarz, 20 x 20 cm, 7 x 7 cm
Holografiefolie in Schwarz und Silber
Geschenkpapier, Ton in Ton rot gemustert, 10 x 10 cm, 15 x 15 cm, 20 x 20 cm, 25 x 25 cm und 30 x 30 cm
Papier in Gelb

So wird's gemacht

① Ein Diagonal- und ein Mittelkreuz falten, nach jeder Faltung wieder öffnen.

② Das Blatt wenden und alle vier Ecken zur Mitte falten.

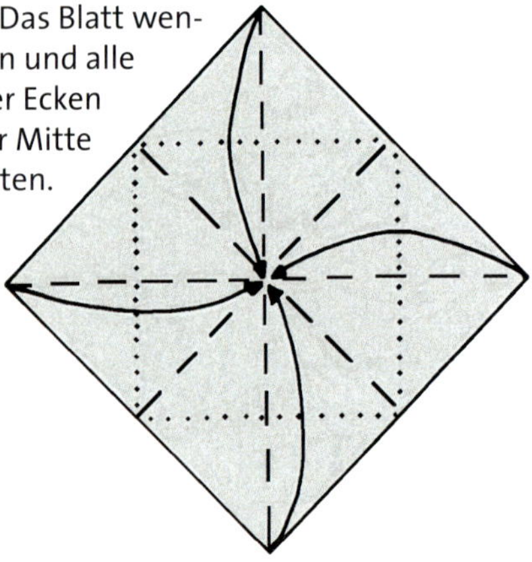

③ Nacheinander die vier Außenseiten an den Mittelbruch falten und wieder öffnen.

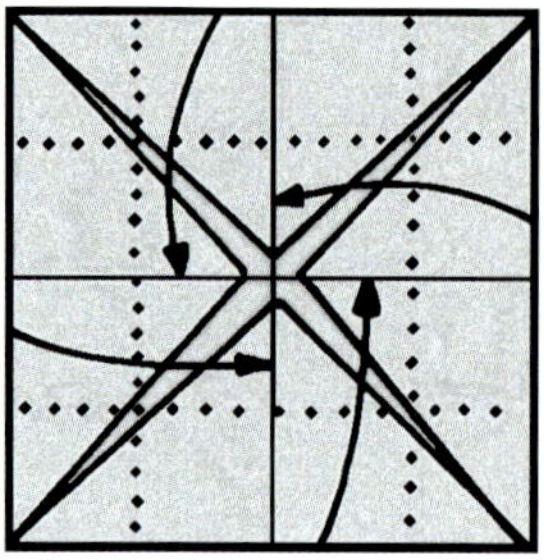

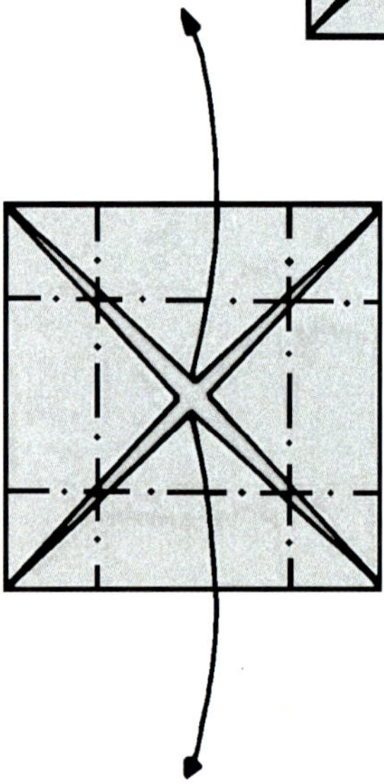

④ Zwei gegenüberliegende Ecken nach außen ziehen und die zwei verbleibenden Längskanten als Seitenwände hochstellen.

⑤ Den Boden nach unten halten. Die Ecken A nach innen drücken und gleichzeitig die noch offenen Spitzen hochziehen und nach innen legen.

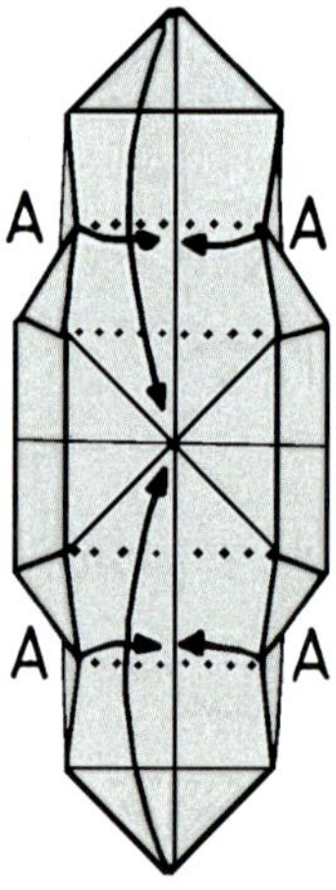

Fertigstellen

Die Quadrate für die Unterteile immer einen Zentimeter kleiner schneiden als die für die Deckel. Es sind immer die Maße für die Deckel angegeben.

Hochhaus

Für das Hochhaus ein Penthouse aus 7 x 7 cm sowie sechs Schächtelchen aus 20 x 20 cm großen Papierquadraten arbeiten. Ringsum je 1 x 2 cm große Fenster aus Holografiefolie aufkleben.

Turm

Die einzelnen Etagen für den Turm aus 30, 25, 20, 15 und 10 cm großen Papierquadraten falten. Die Fenster mit Rundbogen ausschneiden und ringsum auf jedes Stockwerk kleben.

• Tipp •

Wenn Ihnen die Schachteln für Hochhaus oder Turm zu viel Arbeit sind, können Sie auch nur Schachteloberteile aufeinander kleben und lediglich die oberste oder die unterste Schachtel zweiteilig arbeiten.

Eule

Weise wie eine Eule?
Wir arbeiten daran.

Größen:
Geschenkanhänger: ca. 11 cm
Buchzeichen: ca. 18 cm

Das wird gebraucht

- Geschenkpapier, beidseitig unterschiedlich gefärbt
- Papier, goldmarmoriert
- Goldknautschpapier
- Fotokartonrest
- Wackelaugen, 5 mm Ø
- Locher und Lochzange
- Bändchen

Papiere für die Geschenkanhänger 11 x 11 cm, für das Buchzeichen 8 x 8 cm

So wird gefaltet

① Das Quadrat einmal diagonal falten und wieder öffnen.

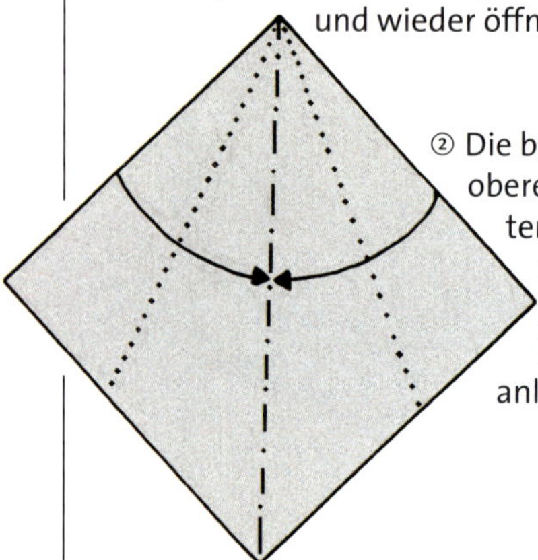

② Die beiden oberen Seitenkanten an den Mittelbruch anlegen.

③ Etwa ein Drittel der oberen Spitze nach unten falten.

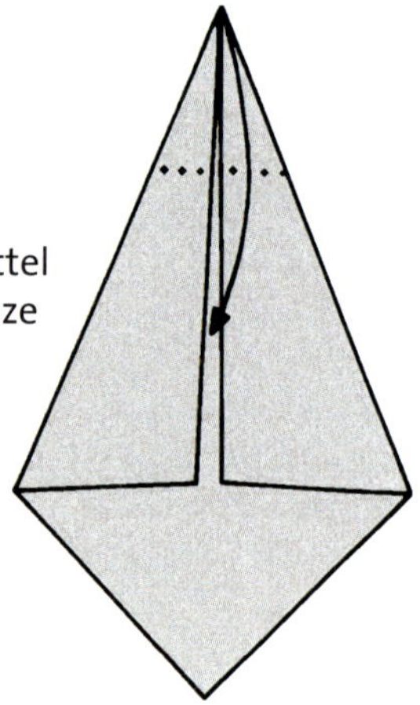

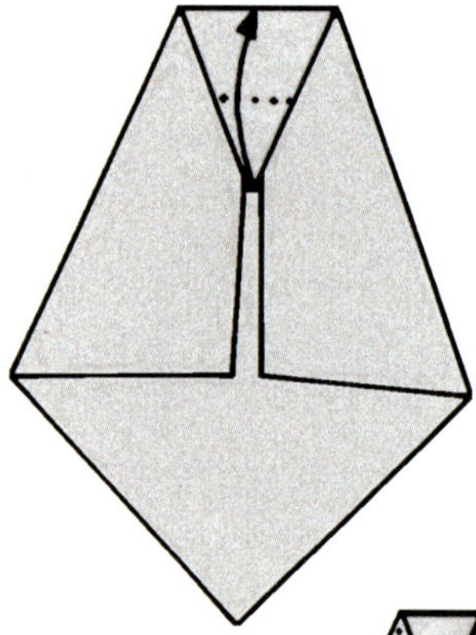

④ Die Hälfte dieser nach unten gefalteten Spitze nach oben knicken.

⑤ Zwei Drittel dieser Spitze als Schnabel wieder nach unten legen und fest streichen. Die Flügel beidseitig nach innen falten.

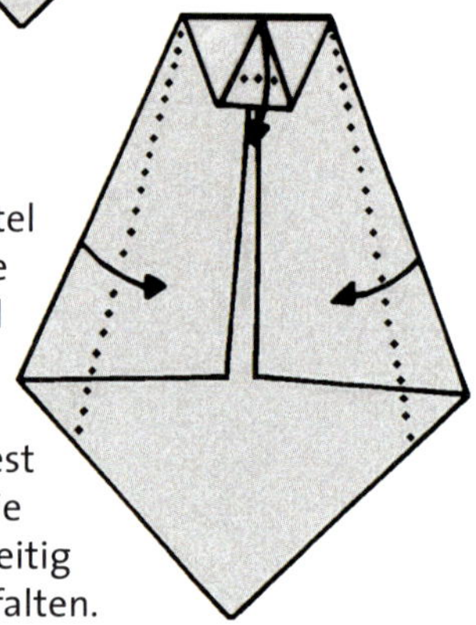

Fertigstellen

Geschenkanhänger

Die Wackelaugen auf dem Kopf fixieren, den Kopf mit etwas Kleber auf dem Körper befestigen.
Als Füße 4 bis 6 Locherpunkte auf die Papierunterkante des Oberkörpers kleben. Nach Belieben einen zweiten Schnabel extra schneiden und mit der andersfarbenen Rückseite nach oben deckungsgleich auf dem Faltschnabel fixieren. Mittig in den Kopf ein Loch stanzen und ein Aufhängebändchen durchfädeln.

Buchzeichen

Für das Buchzeichen einen 2,2 x 18 cm langen Fotokartonstreifen zuschneiden und beidseitig mit Goldknautschpapier bekleben. Den Streifen so weit wie möglich in die ausgestaltete Eule kleben.

Schmetterlinge

Sie zieren die Tafel oder übermitteln Einladungen und Grüße.

Tischdekoration

Größen:
Tischkärtchen/Serviettenring:
12,5 x 7 cm
Einladungskarte: 15 x 21 cm

Das wird gebraucht

- Strohseide in Weiß mit Goldfäden
- Knautschpapier in Gold
- Geschenkpapier in Gold
- Universalkarton in Weiß
- Beidseitig unterschiedlich gefärbtes Origamipapier
- Papierreste in Braun und Schwarz
- Transparentpapier
- Zierbastelschere
- Hybridroller in Gold und Schwarz
- Lederkarton in Weiß

Schmetterlinge für Einladungskarte, Tischkarten und Serviettenringe aus 3 x 4 cm großen Papieren falten (Anleitung Seite 26/27).

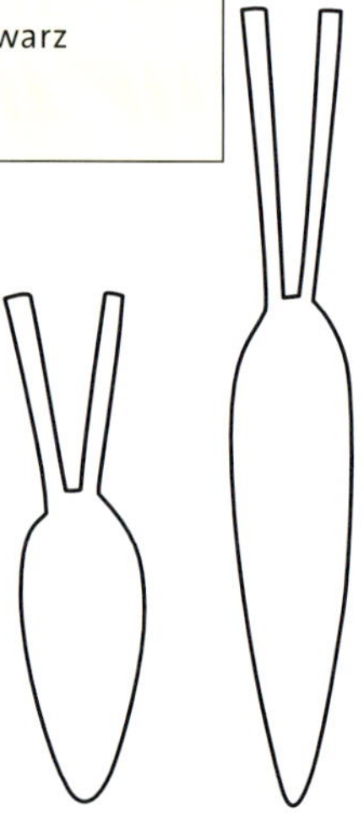

Vorlagen Schmetterlingskörper

EINLADUNG
ESTHER

So wird's gemacht

Linkes vorderes bzw. rechtes hinteres Flügelviertel (jedes Teil 2 x arbeiten)

① Die rechte obere Ecke schräg nach links unten falten.

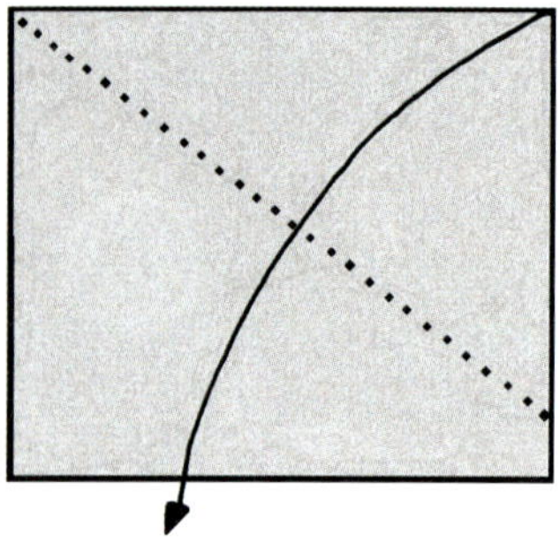

② Die untere Ecke schräg nach rechts oben falten.

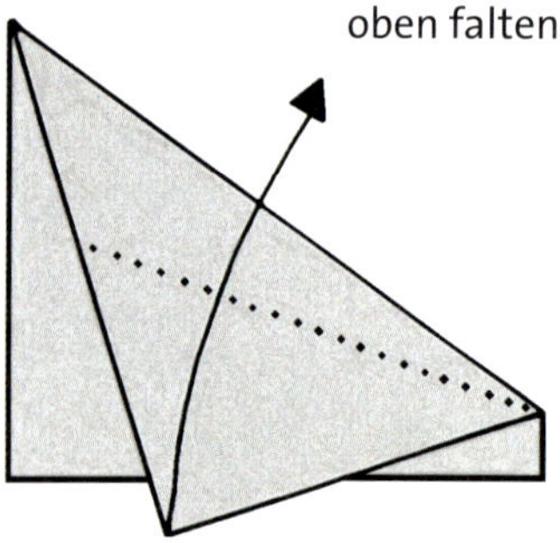

③ Linkes Außenstück in der Verlängerung zur gefalteten Ecke abschneiden.

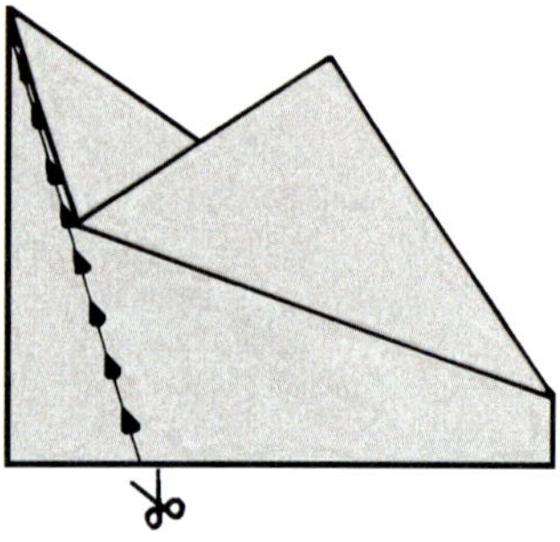

Rechtes vorderes bzw. linkes hinteres Flügelviertel (jedes Teil 2 x arbeiten)

① Die linke obere Ecke schräg nach rechts unten falten.

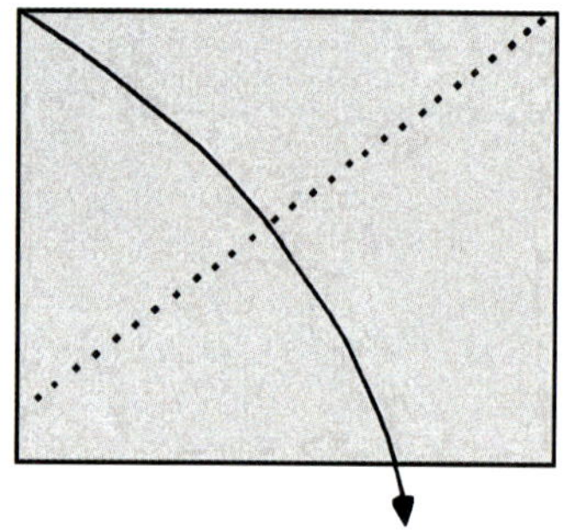

② Die untere Ecke schräg nach links oben falten.

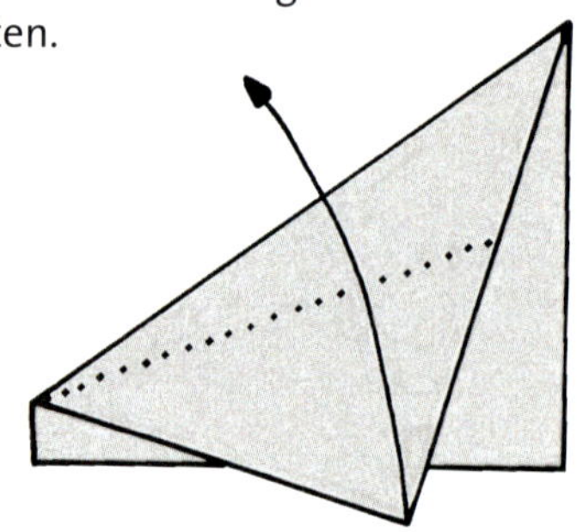

③ Rechtes Außenstück in der Verlängerung zur gefalteten Ecke abschneiden.

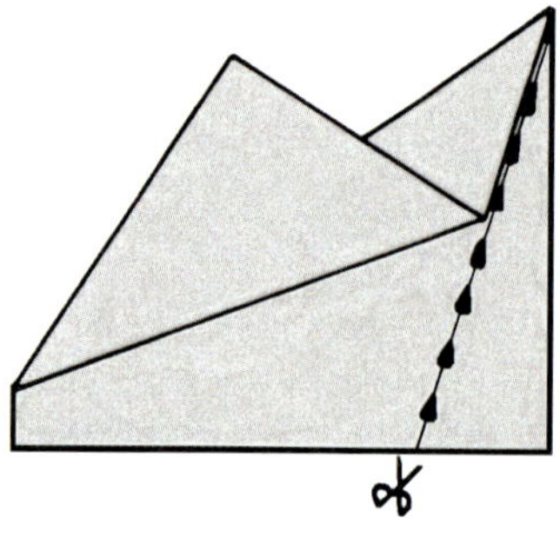

Fertigstellen

Den Körper mit Transparentpapier auf farbiges Papier übertragen, ausschneiden. Die Flügelviertel längs und quer 3 mm übereinander legen, zusammenkleben. Den Körper darüber befestigen. Die Fühler über einen Bleistift rund legen.

Einladungskarte

Den Lederkarton auf 30 x 21 cm zuschneiden, zur Klappkarte falten. Einen 11 cm breiten, goldenen Knautschpapierstreifen schräg über die Vorderseite kleben. Für die Einladung mit der Zierbastelschere ein 3,5 x 14,5 cm großes Kartonstück schneiden, beschriften, aufkleben. Zwei Schmetterlinge befestigen.

Serviettenring

Einen 4 x 15 cm großen Geschenkpapierstreifen zuschneiden. Die Längskanten beidseitig 5 mm nach innen kleben, den Streifen zum Ring schließen. Den Schmetterling auf der Oberseite fixieren.

Tischkärtchen

Ein 12,5 x 14 cm großes Universalkartonstück zuschneiden, mit Geschenkpapier bekleben und zu einer 12,5 x 7 cm großen Klappkarte falten. Mit der Zierbastelschere aus weißem Karton ein 3,5 x 8 cm großes Namensschild schneiden, beschriften und aufkleben.
Einen Schmetterling in einer Ecke befestigen.

Schmetterlingsgrüße

Größe: DIN A6

Das wird gebraucht

- Beidseitig unterschiedlich gefärbtes Origamipapier
- Papierreste in Braun oder Schwarz
- Klappkarte, DIN A6
- Transparentpapier
- Locher

Fertigstellen

Den Schmetterling aus einem 5 x 6 cm großen Papierstück falten, wie auf Seite 26 beschrieben, und ausgestalten. Locherpunkte aus Papierresten stanzen, mit der Farbe der Papierrückseite nach oben aufkleben. Den Schmetterling auf der Karte fixieren.

Vogel

Wenn ich ein Vöglein wär...

Größe: 10 x 11 cm

Das wird gebraucht

Strohseide in Weiß mit Goldfäden
Papierrest in Weiß
Hybridroller in Gold und Schwarz
Locher
Rundholzstäbe, 3 mm Ø
Bastelfarbe in Gold

Die Strohseide pro Vogel in 20 x 20 cm große Stücke schneiden.

So wird's gemacht

① Das Papier diagonal von rechts oben nach links unten zum Dreieck falten.

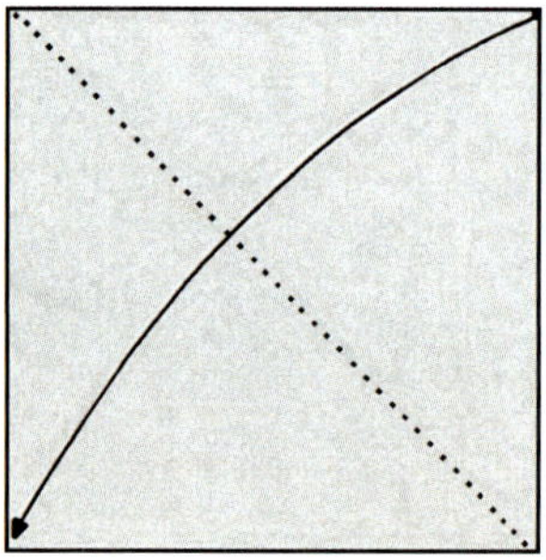

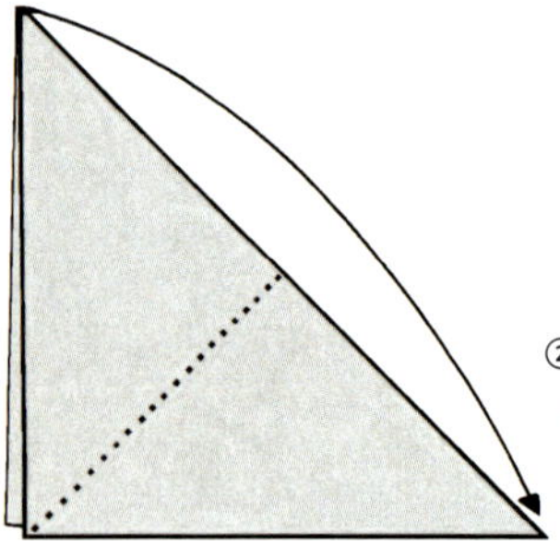

② Die linke obere Ecke auf die rechte untere legen.

③ Jeweils die linke und die obere geschlossene Ecke zuerst nach hinten und anschließend nach vorn falten. Das ganze Teil etwas öffnen und beide umgefalteten Ecken jeweils nach innen drücken.

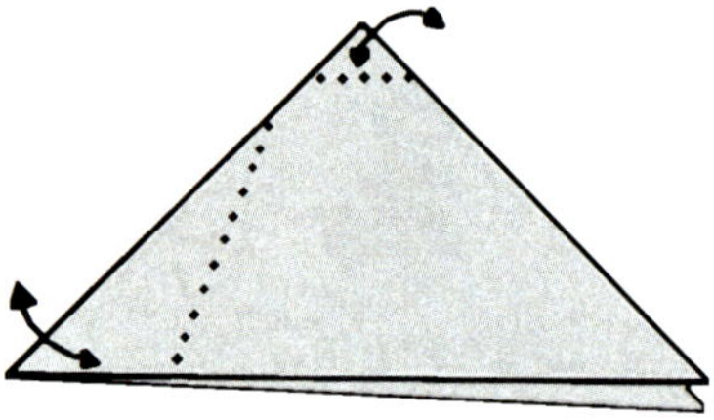

④ Das Teil für den Kopf an der markierten Stelle etwa 2 cm tief einschneiden. Die beiden unteren, offenen Spitzen jeweils vorne und hinten als Flügel nach oben klappen.

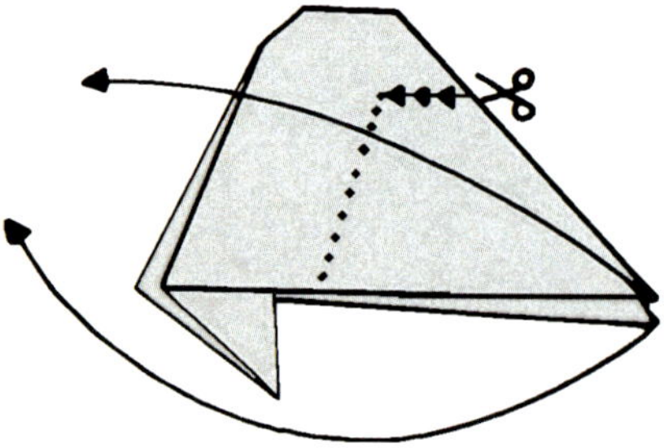

Fertigstellen

Die nach innen gedrückte Ecke des Kopfes mit einem Tropfen Klebstoff fixieren.
Zwei Locherpunkte außen gold, innen schwarz bemalen, als Augen aufkleben.
Zum Schluss einen Rundholzstab mit goldener Bastelfarbe bemalen und von unten in den Körper kleben.

Fisch

Diese Fische bringen Grüße aus einer zauberhaften bunten Welt.

Größe: DIN A6

Das wird gebraucht

- Schnipselkarton in Grau
- Handgeschöpfte Papiere in Blautönen und in Rot
- Zeitungspapier
- Alu-Origamipapier in Rot und in Grün
- Halbperlenaugen, 3, 4, 5 und 8 mm ∅
- Hybridroller in Schwarz und in Blaumetallic
- Wasserfester Filzstift in Schwarz
- Streuglimmer

Die Fische aus 3 x 3 cm, 4 x 4 cm, 5 x 5 cm oder 8 x 8 cm großen Papieren falten.

So wird's gemacht

① Ein Mittelkreuz falten, das Blatt öffnen und wenden. Ein Diagonalkreuz falten, öffnen.

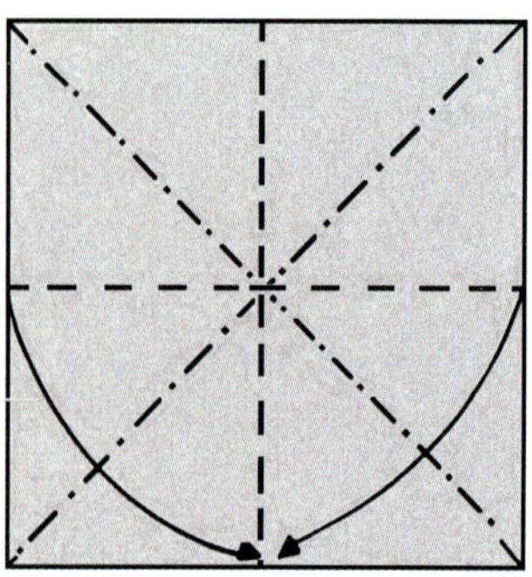

② Die seitlichen Bergfalten gleichzeitig rechts und links nach oben ziehen und in die untere Mitte legen. Das Dreieck flach drücken.

③ Den rechten Außenflügel nach links klappen und...

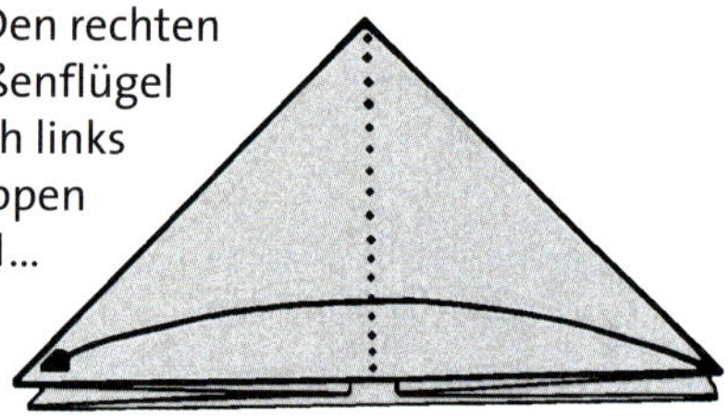

④ ...die oben liegende Spitze nach oben auf die Ecke legen.

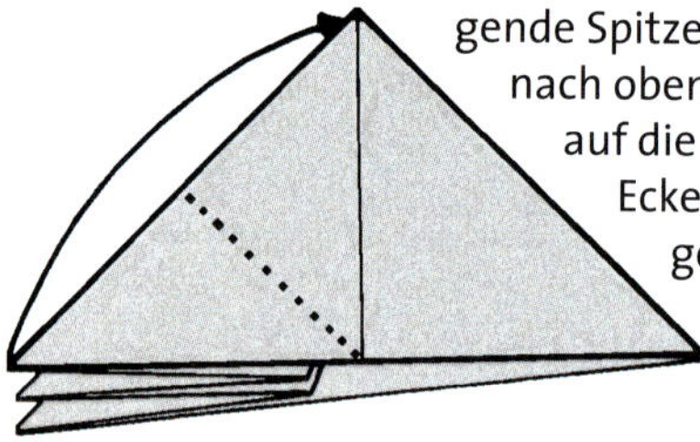

⑤ Den auf diese Weise entstandenen Dreiecksflügel nach rechts zurückklappen und mit der links oben liegenden Spitze die Schritte 3 bis 5 gegengleich wiederholen.

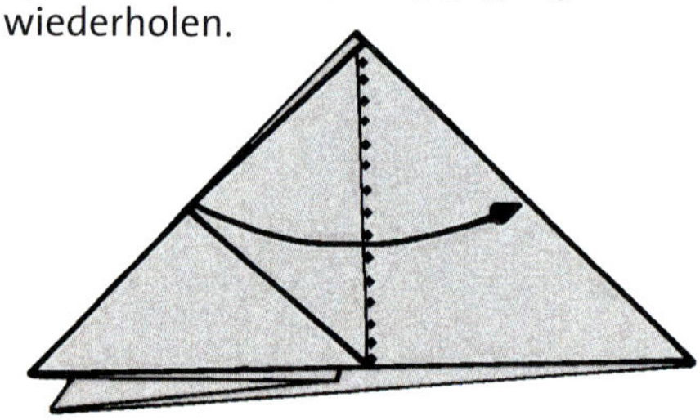

Fertigstellen

Die Flossen mit Hybridroller oder bei Alupapier mit wasserfestem Filzstift zeichnen, die Halbperlenaugen aufkleben.

Den Schnipselkarton 21,5 x 15,5 cm groß zuschneiden und zur Klappkarte falten. Einen Passepartoutausschnitt ausschneiden und mit handgeschöpftem Papier hinterkleben oder gerissenes Papier in Rot und Blau auf die Karte kleben.

Die Fische darauf anordnen und fest kleben. Schmale Papierstreifen über eine Schere ziehen, damit sie sich zu Löckchen kringeln, und als Tang aufkleben. Oder mit Klebstoff Luftblasen zeichnen und Glimmer aufstreuen.

Deutsche Bibliothek – CIP-Einheitsaufnahme

Ein Titeldatensatz für diese Publikation ist bei
Der Deutschen Bibliothek erhältlich.

Die im Buch veröffentlichten Ratschläge wurden von Verfassern und Verlag sorgfältig erarbeitet und geprüft. Eine Garantie kann dennoch nicht übernommen werden. Ebenso ist die Haftung der Verfasser bzw. des Verlages und seiner Beauftragten für Personen-, Sach- und Vermögensschäden ausgeschlossen.

Fotografie: Ulrike Schmid, Alling
Redaktion, Layout und Produktion: TextArt, München
Lektorat: Günther Albrecht
Umschlagkonzeption: Kontrapunkt, Kopenhagen
Umschlaglayout: Angelika Tröger
Reihenkonzeption: Kontrapunkt, Kopenhagen

AUGUSTUS VERLAG, München 2000

Satz: Gesetzt aus 9,5 Punkt The Sans
von Textart, München
Reproduktion: Freundorfer & Grandi, München
Druck und Bindung: Offizin Andersen Nexö, Leipzig

Gedruckt auf 135 g umweltfreundlich chlorfrei gebleichtes Papier.

ISBN 3-8043-0790-6

Printed in Germany